UM PASSO À FRENTE

Catequese de Iniciação II

Catequizando

Coleção Deus Conosco

UM PASSO À FRENTE
Catequese de Iniciação II
Catequizando

Lydia das Dores Defilippo

Lucimara Trevizan

Fausta Maria Miranda

Pe. Almerindo Silveira Barbosa

EDITORA
VOZES

Petrópolis

© 1991, 2006, 2019, Editora Vozes Ltda.
Rua Frei Luís, 100
25689-900 Petrópolis, RJ
www.vozes.com.br
Brasil

35ª ed. 2019 – 2ª reimpressão, 2025.

Projeto gráfico e diagramação: Ana Maria Oleniki
Revisão: Alessandra Karl
Ilustrações: Alexandre Maranhão
Capa: Ana Maria Oleniki

ISBN 978-85-326-6146-3

Este livro foi composto e impresso pela Editora Vozes Ltda.

Sumário

VIVER A VIDA CONSTRUINDO A CADA DIA A ALEGRIA

ANEXOS

Apresentação

Querido(a) Catequizando(a)!

Convidamos você a percorrer um caminho para crescer ainda mais na vivência do amor. Ao longo desse percurso vamos compreender porque amar modifica nossa vida e o mundo, além de ser fonte da verdadeira alegria.

Este é um convite para você dar um passo a mais, ou seja, a mover-se ao encontro das pessoas e da comunidade cristã. Enfim, viver a vida com confiança, na certeza de ser muito amado por Deus.

Com carinho,
Os autores.

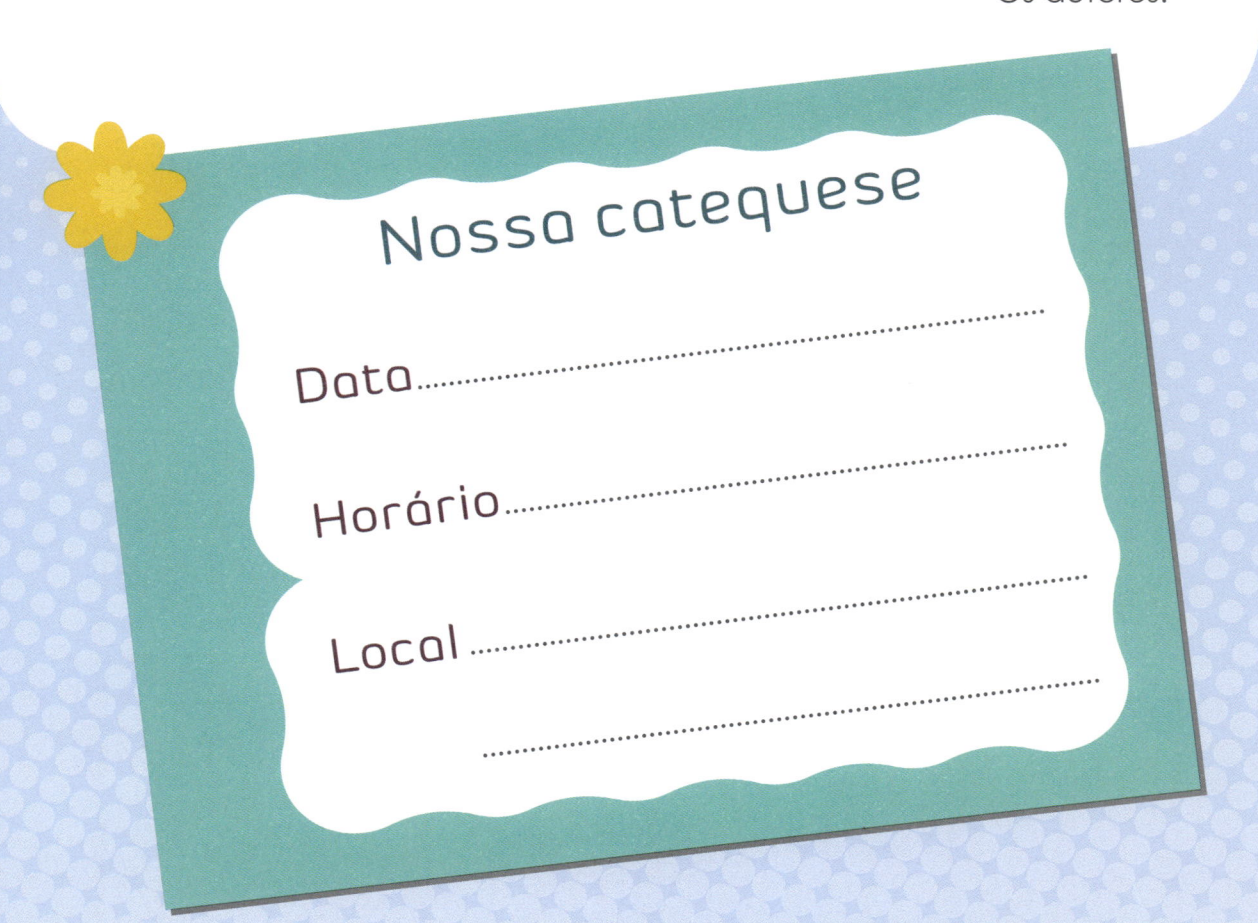

Nossa catequese

Data...

Horário..

Local ....

....

SEMENTES
DO
AMANHÃ

Você é precioso aos meus olhos, porque eu gosto de você e o amo. (Cf. Is 43,4))

Deus nos conhece, nos ama e nos chama pelo nome, isto é, sabe quem é cada um de nós. Se somos amados por Deus podemos dizer também que somos seus filhos queridos, então precisamos ser amigos e irmãos uns dos outros. Na catequese vamos nos conhecer sempre mais e, juntos, vamos procurar conhecer melhor este nosso Deus que nos conhece.

Esta é a flor da amizade. Escreva nas pétalas atitudes necessárias para vivermos como amigos e irmãos uns dos outros, para dar um passo a mais na amizade com Deus.

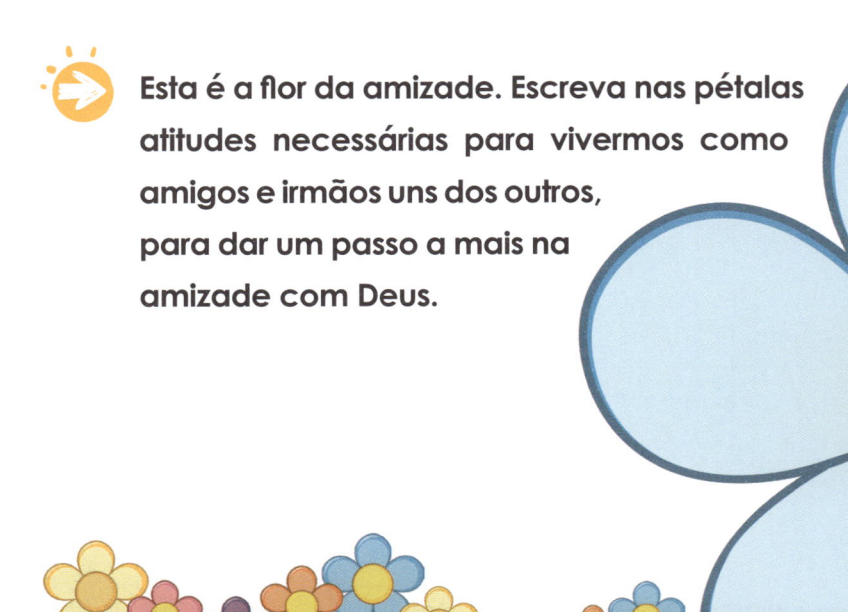

Organize as letras e complete as frases com as palavras que encontrar.

 Este ano queremos dar um passo a mais na direção de _____

 USDE

 Queremos dar um passo a mais na direção dos _____

 SRIÃMO

 Deus diz que você é precioso(a) para Ele e que te ama. Escreva um bilhete para Deus dizendo que quer conhecê-lo cada vez mais e amá-lo também.

Cultivar e guardar a criação. (Cf. Gn 2,15)

A natureza é uma maravilhosa obra de Deus para o ser humano. Deus criou seres vivos de todas as espécies e deu ao homem a capacidade de cuidar, de fazer crescer, de frutificar o bem de todos.

O ser humano pode tirar da terra aquilo que necessita para sua sobrevivência. Mas, também precisa proteger e garantir que a terra seja fecunda para as próximas gerações. Cuidar da natureza é garantir que haverá vida para todos.

Onde você mora, existem esses perigos?

☐ DESPERDÍCIO DE ÁGUA

☐ DESTRUIÇÃO DE FLORESTAS

☐ LIXO NAS RUAS

☐ VAZAMENTOS DE ÁGUA DEVIDO A CANOS ARREBENTADOS

☐ QUEIMADAS

☐ POLUIÇÃO: ÁGUA DO RIO COM LIXO

VOCÊ SABIA?

Plásticos que ficam boiando no mar podem matar os animais. Pássaros e tartarugas podem confundir o plástico com alimento. Então o engolem e morrem de fome, porque o plástico não deixa mais passar outro tipo de comida...

 O homem é o único ser vivo que destrói o ambiente em que vive. Observe as atitudes de quem é guardião da criação e as de quem destrói a natureza. Assinale as atitudes que você pratica.

Atitudes de quem destrói a natureza.	Atitudes de quem é guardião da natureza.
☐ Jogar lixo nos rios	☐ Ajudar a plantar árvores e plantas
☐ Jogar lixo na rua	☐ Jogar lixo no lixo
☐ Jogar óleo de cozinha na pia	☐ Não jogar papéis de doces na rua
☐ Tomar banho demorado	☐ Não desperdiçar água
☐ Deixar a torneira aberta ao escovar dente	☐ Economizar energia elétrica
☐ Usar muito material descartável	☐ Proteger florestas
☐ Desmatar florestas	☐ Evitar usar material descartável
☐ Provocar queimadas	☐ Separar o lixo reciclável
☐ Matar passarinhos	☐ Evitar usar garrafa pet

Observe se você pratica mais atitudes de cuidado ou de destruição da natureza.

⭐ Diante das atitudes de destruição da natureza que pratica, o que você pode fazer para mudar?

....

....

....

Se você pudesse pensar em um lugar com vida feliz para todos, com cara de paraíso, como seria? Escreva o que não poderia faltar neste lugar.

 Vamos rezar!

Querido Deus, agradeço pelo lindo presente que é esse mundo onde vivemos. Sei que estais presente em todo o universo e na mais pequenina das criaturas. Quero ser guardião da Tua criação, ajudar as pessoas a descobrirem o valor de tudo o que existe e cuidar da vida e da beleza desse mundo. Amém!

Celebração

CUIDAR DO JARDIM DO MUNDO!

*E Deus viu tudo quanto havia feito e achou
que era muito bom. (Gn 1,31a)*

 Acolhida

Catequista: Vamos iniciar nossa celebração cantando.

Refrão: Um girassol, florido no jardim, buscando a luz do sol, sorriu para mim. Eu também sou pequeno girassol, buscando a luz de Deus. Sou feliz assim! (Frei Fabreti)

Catequista: Em nome do Pai, do Filho e do Espírito Santo.

Todos: Amém!

 Louvor das criaturas ao Senhor

Catequista: Inspirados pelo profeta Daniel vamos louvar a Deus (Dn 3).

Lado A: Obras do Senhor, céus e anjos, louvai-o e exaltai-o pelos séculos sem fim!

Todos: A Ele glória e louvor eternamente!

Lado B: Águas do alto céu, lua e sol, astros e estrelas, bendizei o Senhor!

Lado A: Chuvas e orvalhos, brisas e ventos, frio e calor, bendizei o Senhor!

Lado B: Geada e frio, fogo e garoas, noites e dias, bendizei o Senhor!

Lado A: Luzes e trevas, raios e nuvens, ilhas e terras, bendizei o Senhor!

Lado B: Montes e colinas, mares e rios, fontes e nascentes, bendizei o Senhor!

Lado A: Baleias e peixes, pássaros do céu, feras e rebanhos, bendizei o Senhor!

Lado B: Filhos dos homens, louvai-o e exaltai-o pelos séculos sem fim!

Todos: Glória ao Pai, ao Filho e ao Espírito Santo, como era no princípio agora e sempre. Amém!

Proclamação da Palavra

Canto de aclamação: *É como a chuva que lava, é como um fogo que arrasa. Tua Palavra é assim, não passa por mim sem deixar um sinal.*

Leitor 1: "Deus disse: "Façamos o ser humano à nossa imagem e segundo nossa semelhança" (Gn 1,26a)

Leitor 2: "Deus disse: Eis que vos dou todas as plantas que produzem sementes e que existem sobre a terra, e todas as árvores que produzem fruto com semente, para vos servirem de alimento". (Gn 1,29)

Leitor 3: "E a todos os animais da terra, a todas as aves do céu e a todos os seres vivos que rastejam sobre a terra, eu lhes dou os vegetais para alimento" (Gn 1,30).

Todos: "E Deus viu tudo quanto havia feito e achou que era muito bom" (Gn 1,31a).

Catequista: E Deus colocou o ser humano no jardim para "cultivar e guardar a criação" (Cf. Gn 2,15).

Catequista: Nós já falamos das belezas criadas por Deus. Tudo é obra de Deus e Ele nos chama para sermos guardiões de tudo o que ele criou: o planeta terra, a água, a natureza, os animais. O que mais? Ser imagem e semelhança de Deus significa que trazemos em nós um pouco de Deus e que tudo que ele fez é perfeito. O Plano de Deus era a harmonia entre os seres humanos e a criação. Mas, o ser humano é capaz de destruir, explorar, até esgotar os recursos da natureza. As matas e os rios, os mares, as florestas e os animais correm perigo. Deus pede nossa ajuda para cuidar do mundo, como se faz com a casa da gente, cuidando, preservando, mantendo-o bonito para nós e para os outros que chegarem depois, pois a terra é a grande casa, nossa mãe, que a todos abriga e sustenta. Você quer ser guardião da natureza?

Nesse momento vamos, um de cada vez, colocar a mão na bíblia aberta e dizer: Querido Deus conte comigo, como guardião da Tua criação!

 Preces de louvor

Catequista: Apresentamos a Deus o nosso coração agradecido pelo chamado a participar da catequese e a ser seu guardião no meio do mundo.

Todos: Nós te agradecemos Senhor!

Senhor Deus, nós te agradecemos por tudo o que criaste: o planeta terra onde vivemos, a natureza, os animais!

Senhor Deus, nós te agradecemos por cuidar de nós com tanto carinho!

Senhor Deus, nós te agradecemos por nos chamar para sermos guardiões da natureza!

Catequista: Senhor, "nós vos louvamos por todas as coisas bonitas que existem no mundo e também pela alegria que dais a todos nós. Nós vos louvamos pela luz do dia e por vossa Palavra, que é nossa luz. Nós vos louvamos pela terra onde moram todas as pessoas. Obrigada pela vida que de vós recebemos" (Oração Eucarística com crianças).

Todos: Nós te agradecemos Senhor!

 Oração de bênção da água perfumada

Catequista: Senhor Deus, vem abençoar esta água, que ela nos anime a ser fonte de amor e cuidado para com toda a criação, obra de tuas mãos. Amém!

Coragem! Sou eu! Não tenhais medo. (Mt 14,27b)

Jesus é nosso amigo, caminha conosco, em meio as dificuldades e dúvidas que a vida nos apresenta. Não precisamos ter medo. Nosso futuro depende do que escolhemos viver hoje, por isso, somos herdeiros do futuro.

A vida é um grande presente que nos foi dado por Deus. Com coragem é preciso seguir em frente confiando que a vida vai ser melhor.

 Escreva o que você deseja ser quando crescer.

☀️➡️ **Escreva quais atitudes quer realizar, sementes que quer plantar para que o mundo seja melhor no futuro.**

....

....

....

....

....

....

....

....

....

☀️➡️ **Pergunte aos seus pais o que esperam do futuro? O que estão fazendo para que isso aconteça?**

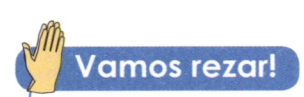
Vamos rezar!

Querido Deus, nós te agradecemos porque nos chamastes a viver e te pedimos coragem, fé e alegria para sermos o melhor que pudermos ser. Amém!

CRESCER AMANDO

Quem crê em mim fará obras que eu faço e fará ainda maiores do que estas. (Jo 14,12)

Nós seres humanos somos capazes de fazer coisas incríveis. Todas as invenções surgiram a partir da necessidade de melhorar a nossa vida. Mas, não podemos esquecer que o homem é também capaz de fazer coisas que são contrárias ao desejo de Deus. É capaz de criar coisas que destroem o mundo e as pessoas, tais como as armas e as guerras, os agrotóxicos e tantas outras coisas que, no fundo, são para acumular riquezas e poder. Mas, é preciso usar a inteligência a serviço da Vida.

Nós somos parceiros de Deus e capazes de continuar a criação. Podemos criar coisas novas que melhorem a vida.

Desenhe uma invenção que mudou nossa vida.

 Escreva três coisas que o homem inventou e que gera morte e é contrário ao desejo de Deus.

....

....

....

 Na sua opinião, o que poderia ser inventado pelo homem para melhorar a vida no mundo?

....

....

....

....

Vamos rezar!

Querido Deus nós te amamos e queremos te pedir sabedoria para continuar pensando e criando coisas belas que ajudem a humanidade a ser melhor. Conte conosco, somos teus amigos! Amém!

Guarda teu coração com todo cuidado, porque dele brotam as fontes da vida. (Cf. Pr 4,23)

Nosso mundo é lindo, mas há muitas coisas tristes acontecendo, sobretudo com as crianças. A grande surpresa é que no mundo há crianças que descobriram um jeito de deixá-lo um lugar melhor para se viver, de fazer do mundo um lugar bom como Deus quer. Criança também pode fazer a diferença no mundo.

Escrever o que precisa ser realizado para tornar o mundo melhor?

....

....

....

....

....

....

Com a ajuda de sua família pesquise nomes de crianças que fizeram ou fazem algo para mudar a vida de outras pessoas e escreva o que fizeram.

....

....

....

....

....

O que você pode fazer para modificar algo que não está bom em sua realidade?

....

....

....

....

....

....

....

Vamos rezar!

Jesus aqui estão nossas ideias para melhorar o mundo. Acreditamos que com sua ajuda podemos fazer do mundo um lugar melhor, como é o desejo do seu Pai, Deus. Conte conosco na construção de um mundo melhor para todos, especialmente para as crianças. Amém!

Ele vibra de alegria por tua causa. (Sf 3,17b)

Brincar é um jeito de viver a vida como Deus quer: com alegria. É a atividade que mais nos ajuda a crescer e desenvolver a inteligência e a convivência com os amigos. Brincar nos ensina a ganhar e também a perder, fazer as pazes, evitar o que prejudica ou machuca.

 Preencha o quadro abaixo. Observe os seus horários durante a semana e depois compartilhe na catequese.

Você dorme que horas?

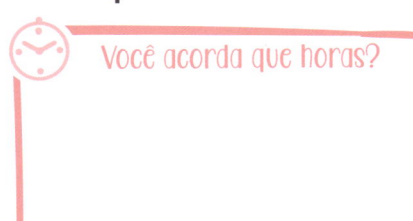

Você acorda que horas?

Você brinca quantas horas?

Verifique se você tem ou pode fazer algum brinquedo para doar a uma criança que não tem e dar-lhe uma grande alegria. Escreva aqui os brinquedos que pode fazer ou gostaria de doar.

....
....
....
....

Perguntar aos seus pais e avós como se divertiam e conseguiam brinquedos quando eram crianças.

....
....
....
....

Escreva aqui uma cartinha a Deus contando o que te faz vibrar de alegria quando brinca, quais são seus brinquedos preferidos e como seus amigos brincam com você.

Quem não ama não conhece a Deus, porque Deus é amor. (1 Jo 4,8)

Quem ama sente vontade de estar perto do outro, quer o seu bem. Faz tudo para cuidar da pessoa querida.

Deus nos ama e cuida de nós, mesmo que a gente nem perceba. Foi isso que Jesus veio nos revelar. Com sua vida, seus gestos, Jesus mostrou que Deus nos ama muito. Deus nos criou para amar.

Carolina e sua avó

Carolina é uma menina muito esperta que mora com sua avó. A mãe e o pai dela tiveram que ir trabalhar numa outra cidade e a deixaram com a avó, mas vêm todo final de semana ficar com ela.

No começo foi difícil e ela tinha até raiva da avó Tereza, fazia birra, esperneava, não queria tomar banho. Mas ela foi vendo sua avó cuidar dela com tanto carinho que achou uma grosseria ficar com raiva da avó. Sua avó não era de abraçar e beijar como sua mãe fazia, mas ela contava histórias antes de Carolina dormir, fazia um sanduíche maravilhoso, ajudava nas tarefas da escola e a levava para passear.

Avó Tereza também cuidou dela dia e noite quando teve dor de garganta. E um dia Carolina resolveu dizer para avó que a amava. E foi numa noite quando a avó terminou a história.

Ela olhou bem dentro dos olhos azuis da avó, parecidos com o dela e disse: Vovó eu te amo! Depois deu um enorme abraço na avó que ficou com os olhos cheios d'água e a abraçou bem forte dizendo baixinho: minha neta querida vovó também te ama. Carolina aprendeu que as pessoas que nos amam podem nem dizer, mas fazem gestos que mostram que nos amam.

Como a Carolina percebeu que era amada pela sua avó?

....

....

....

Você consegue reconhecer gestos, expressões de amor das pessoas que te amam?

....

....

....

Deus nos ama. Como podemos perceber o seu amor na nossa vida?

....

....

....

....

No encontro de catequese você conversou sobre o amor. Escreva aqui o que é amar e o que o amor não é.

AMAR É:

NÃO AMAR É:

 Em nosso mundo tem muitos sinais de falta de amor. Escreva aqui quais são esses sinais.

....

....

....

....

Vamos rezar!

Diga a Deus que você tem sede do seu amor.

Rezo hoje, querido Deus, o teu amor.
O teu amor me aceita como sou e o que me tornei.
O teu amor espera que eu seja melhor a cada dia, mas nunca me cobra nada.
O teu amor espera o meu amor.
O teu amor me ensina a ter confiança e a dar amor.
Ajuda-me a amar mais e mais, como Jesus, teu Filho, amou. Amém!

Vivei em boa harmonia uns com os outros. (Rm 12,16a)

Como são diferentes as nossas famílias, cada uma tem um jeito de ser e de viver. Cada família também tem uma história única. Jesus também tinha uma família. Eles eram amigos de Deus e fiéis ao que Ele quer das pessoas: amor, união, perdão, coragem, esperança. Por isso, podemos dizer que tinham Deus como um aliado, uma força que ajuda a viver no amor, tanto na alegria como na dificuldade.

Cole aqui o desenho de sua família.

Escreva aqui a história da sua família.

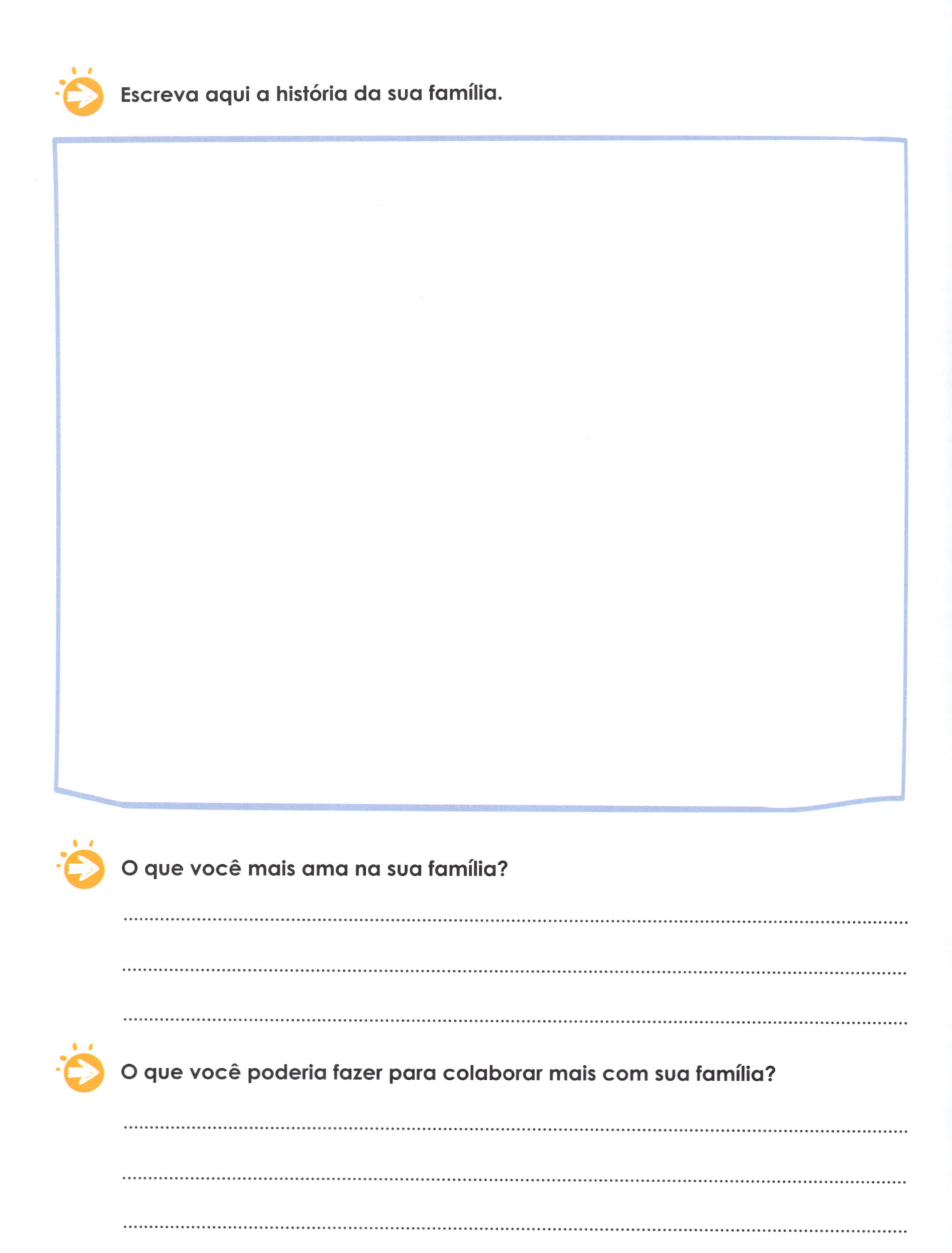

O que você mais ama na sua família?

....

....

....

O que você poderia fazer para colaborar mais com sua família?

....

....

....

Quem ama a Deus ame também o seu irmão. (1Jo 4,21b)

Família é onde a gente sente-se bem e é acolhido e amado. Na família aprendemos a amar e isso nem sempre é fácil. Cada um pensa de um jeito e, às vezes, é difícil aceitar o que o outro pensa e diz. Por isso, precisamos aprender todo dia a amar um pouco mais, a dar espaço para o outro em nosso coração e na nossa vida. Crescer no amor e no cuidado uns com os outros, em família, é uma tarefa para toda a vida.

 Faça um círculo no que acha que pode melhorar no relacionamento com seus amigos, que também junto com você são uma família.

Brincar juntos

Celebrar os aniversários

Telefonar quando alguém fica doente

Não deixar ninguém de fora das brincadeiras

Preocupar-se quando sua amiga está triste

Descobrir uma qualidade no amigo e dizer

Elogiar sempre

Quais gestos (concretos) de cuidados podemos realizar em nossa família?

....

....

....

Escreva aqui uma carta de amor a sua família dizendo o quanto eles são importantes para você.

Convide seus familiares para rezar juntos a oração.

Celebração

EM FAMÍLIA AMAR E CUIDAR

Meu filho, escuta a instrução de teu pai e não rejeites o ensinamento de tua mãe. (Pr 1,8)

 Acolhida

Catequista: Acolhemos com muito carinho a todos vocês. Sejam todos bem-vindos. Nossos últimos encontros foram sobre a importância da família na nossa vida. Hoje nos encontramos para rezar pelas nossas famílias. Enquanto cantamos vamos colocar ao redor da Palavra de Deus tudo o que fizemos em nossos encontros.

Música: Dentro de Mim (Pe. Zezinho) ou "É Bom Ter Família" (Pe. Antônio Maria)

Todos: Em nome do Pai, do Filho e do Espírito Santo. Amém!

 Proclamação da Palavra

Canto de aclamação: Tua Palavra é lâmpada para os meus pés, Senhor. Lâmpada para os meus pés, Senhor, luz no meu caminho (bis)

Texto bíblico: Pr 1,8-9

Reflexão: Nos nossos últimos encontros falamos sobre a importância da família na vida da gente. A família que tem diferentes jeitos de ser, tem desafios e dificuldades, mas que é o lugar onde a gente pode aprender a amar ainda mais e a cuidar uns dos outros. Gostaria que olhassem os cartazes que fizemos dos desenhos com os gestos concretos para amar e cuidar da família. Cada grupo que fez os cartazes pode dizer que desenho fez.

Não vivemos sozinhos, precisamos uns dos outros e é na família que aprendemos a amar e conviver. Diz a Palavra de Deus que ouvir e escutar os ensinamentos dos pais é muito precioso para a vida da gente. Aprendemos com nossos pais o que é melhor para crescer e viver. Então, nos amando uns aos outros, em família, vamos deixando o mundo do jeito que Deus deseja. Que em nossas famílias as crianças tenham sempre muito amor.

 **Preces de louvor**

Catequista: Vamos agradecer a Deus pelas nossas famílias.

Todos: Nós te agradecemos, Senhor, pelas nossas famílias!

Um menino: Nós te agradecemos Senhor, pelas nossas mães, avós, tias e primas que sempre cuidam e zelam pelas nossas famílias.

Uma menina: Nós te agradecemos Senhor, pelos nossos pais, avós, tios e primos que nutrem nossas famílias com seu trabalho e ternura.

Um pai e uma mãe: Nós te agradecemos Senhor, pelos nossos filhos, dom de amor e alegria em nossas vidas.

 Preces espontâneas...

Catequista: Em silêncio, vamos dizer a Deus o nome das pessoas de nossa família pedindo que ele acompanhe cada uma com seu carinho de Pai amoroso.

Catequista: Rezemos juntos o Pai-nosso... (de mãos dadas)

Música: Ilumina, Ilumina (Pe. Zezinho)

Bênção da Família

Catequista: Todas as crianças podem vir para o meio do círculo, ao redor da Palavra de Deus. Os pais farão um círculo ao redor das crianças. E levantando a mão direita dizem juntos:

"Abençoa, ó Deus, nossos filhos. Acompanha com amor e carinho a nossa família e a vida de cada um dos nossos filhos. Amém!".

IGREJA:
A GRANDE FAMÍLIA
DOS AMIGOS
DE DEUS

A GRANDE FAMÍLIA DE DEUS: A IGREJA

Somos em Cristo um só corpo e, cada um de nós, membros uns dos outros. (Rm 12,5)

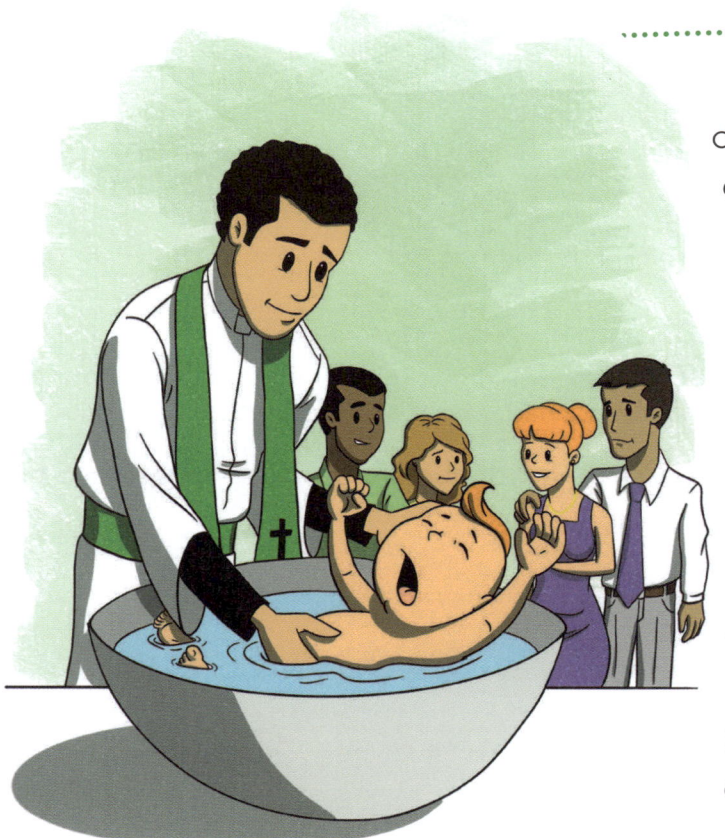

Nós formamos a grande família de Deus, o povo de Deus, o povo cristão, a Igreja de Jesus Cristo.

Pelo Batismo passamos a fazer parte da grande família dos seguidores de Jesus Cristo: a Igreja. O Batismo nos insere na Igreja e ela nos ajuda a crescer no calor do amor de Deus, na luz da sua Palavra.

É isso que significa o Batismo: viver sabendo que somos filhos queridos de Deus, que continua a nos dizer: Filho, amor meu, minha alegria.

Você sente que é filho(a) querido(a) e amado de Deus? Escreva aqui de que forma você sente o amor de Deus na sua vida.

....

....

....

....

....

Como participamos da vida em comunidade?

....

....

....

....

....

....

....

....

....

 Escreva aqui o nome do seu padrinho e madrinha de Batismo, dizendo o que você mais admira em cada um deles.

....

....

....

 Perguntar aos seus pais e avós e responder:

⭐ Qual o dia do seu batizado?

....

⭐ Quem estava presente no seu batizado?

....

....

⭐ Em qual comunidade você foi batizado?

....

....

Fiquem unidos a mim e eu ficarei unido a vocês. (Cf. Jo 15,4)

O espaço da igreja (templo) é lugar para encontrar e conversar com Deus. Nela nos reunimos como família de Deus. Durante a semana, Deus se encontra conosco na família, nos amigos, nos que mais precisam de nós e no domingo, se encontra com o seu povo reunido para ouvir sua Palavra.

 **Para que os cristãos vão à igreja (templo)?**

....

....

....

....

....

....

....

....

Como se chama a igreja da comunidade que você visitou?

....

....

....

....

....

Com a visita especial à igreja, ficamos conhecendo alguns símbolos e objetos usados nas celebrações. Escreva o nome de três objetos.

....

....

....

....

Vamos rezar!

Ó Deus, pai querido, nós te agradecemos pela família de amigos e irmãos que é a nossa comunidade. Dá-nos muito amor, respeito e paciência para viver como teus filhos e irmãos uns dos outros. Amém!

QUERO SER IGREJA VIVA!

Todos os que abraçavam a fé viviam unidos e possuíam tudo em comum. (At 2,44)

Quem ama Jesus e quer seguir seus passos vai se transformando em comunidade e amor. Para ser comunidade cada um de nós precisa querer ser parte dela, misturar-se com os outros, ajudar uns aos outros, para que ela se transforme em casa dos amigos verdadeiros de Jesus.

Ser Igreja viva é viver o que Jesus ensinou: a união, a partilha, a fraternidade e o amor, procurando construir um mundo de irmãos.

 Quais ingredientes uma comunidade precisa ter? Escreva no bolo os ingredientes que sua comunidade precisa.

Qual ingrediente você quer ser na comunidade? Escreva dentro da cruz.

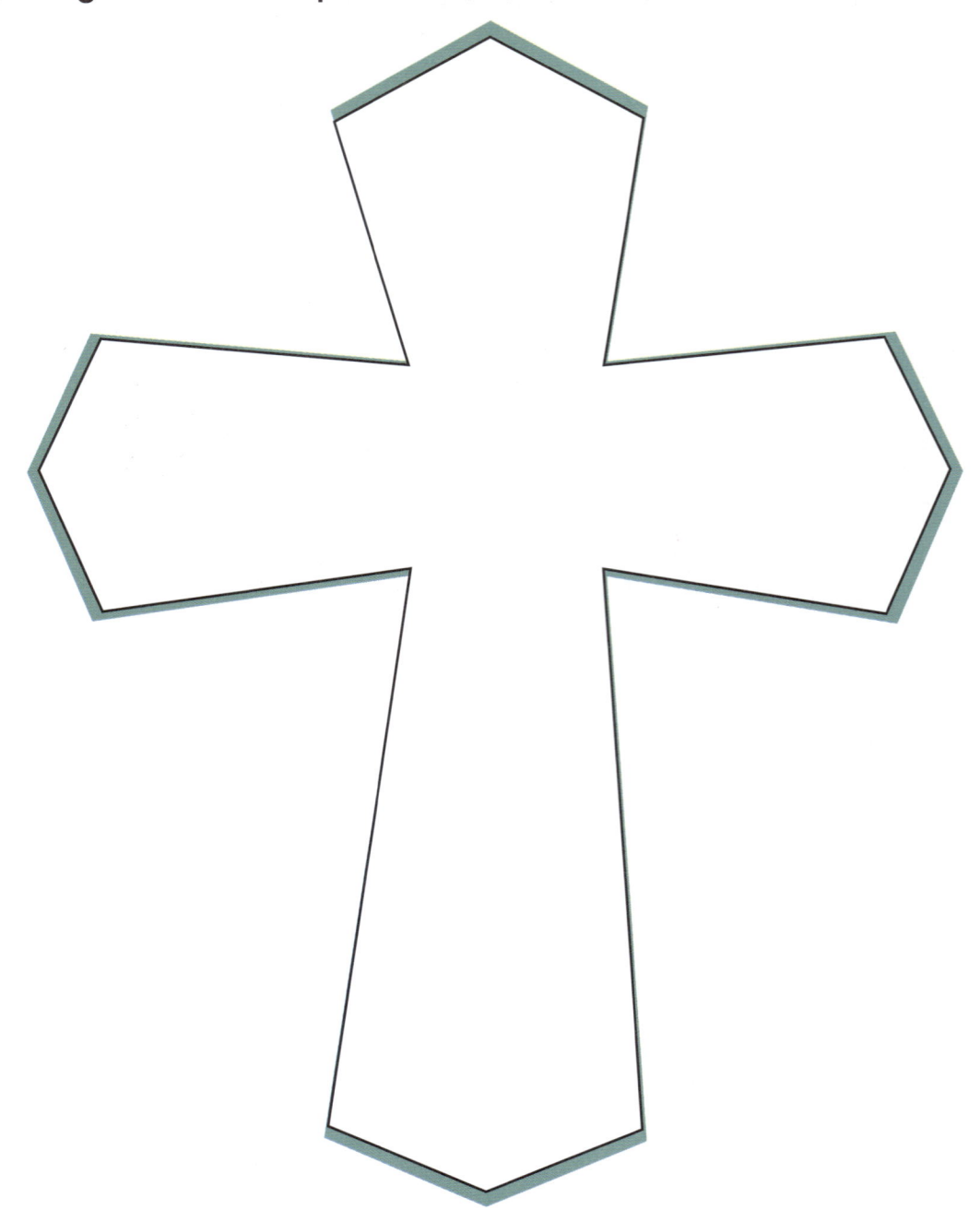

A Comunidade precisa se transformar em ajuda (alimento) para os que mais precisam. Que ajuda sua comunidade pode dar aos que sofrem, aos doentes, idosos, os pobres...?

....

....

....

....

Meu filho, tu sempre estás comigo; tudo o que é meu é teu. (Lc 15,31)

A oração é um relacionamento com Deus. A oração nada mais é do que uma conversa entre duas pessoas que se amam: Deus e eu, eu e Deus. Jesus nos ensinou a rezar o Pai-nosso. Ele quis que chamássemos nosso Pai, ao seu próprio Pai. Nessa oração imploramos para que o desejo de Deus se realize, que seu nome seja reconhecido e amado, que o amor contagie o mundo, que todos tenham pão, que sejamos capazes de perdoar como Ele nos perdoa.

Na oração do Pai- nosso, dizemos: "santificado seja vosso nome". Isso significa que desejamos que o nome de Deus seja reconhecido e amado. Como você pode ajudar as pessoas a conhecerem e amarem a Deus, nosso pai amoroso?

....

....

....

....

....

....

Outro pedido feito no Pai Nosso é: "o pão nosso de cada dia nos dai hoje". É um pedido para que todos tenham pão, que não falte comida na mesa das pessoas. Mas, há tanta gente que não tem o pão de cada dia. Como podemos ajudar Deus a transformar essa realidade no mundo?

....

....

....

....

....

....

....

....

....

 Quando Jesus diz "Pai nosso", quer dizer que Deus é o Deus de todas as horas. Aquele em quem se pode confiar. Escreva aqui sua oração, conte a Deus o que seu coração deseja.

SER IGREJA, COMUNIDADE DE AMOR

Amai-vos uns aos outros como eu vos amei. (Jo 15,12)

 Acolhida

Catequista: Nós vivemos os últimos encontros descobrindo e partilhando o que é a comunidade cristã, onde somos chamados, como batizados, a viver unidos a Jesus e aos irmãos. Hoje queremos celebrar, festejar, dar graças, pela alegria de sermos chamados a viver como irmãos em comunidade.

Música: (a escolha)

Todos: Em nome do Pai, do Filho e do Espírito Santo. Amém!

 Proclamação da Palavra

Canto de aclamação: (a escolha)

Texto bíblico: Jo 15,9-12

Reflexão: Nos últimos encontros nós conversamos sobre a Igreja, a grande família dos amigos de Deus. Pelo Batismo, passamos a fazer parte desta família: a Igreja. Nela somos chamados a viver unidos no amor. Ser Igreja viva é viver o que Jesus ensinou: a união, a partilha, a fraternidade e o amor, procurando construir um mundo de paz e de bem. Jesus quer que cada um permaneça no amor, na comunidade cristã, pois ela nos ajuda a viver o amor e a fraternidade.

 Preces

Catequista: Vamos rezar juntos, agradecendo a Deus pelos nossos encontros, pelas descobertas que vamos fazendo e nos ajudam a ser também uma comunidade de amor.

Todos: Caminha conosco, Senhor!

Um menino: Nós te agradecemos, Senhor, pela comunidade que nos acolhe e nos quer no meio dela como companheiros de Jesus.

Uma menina: Nós te agradecemos, Senhor, pelos nossos encontros de catequese, que nos ajudam a conhecer Jesus e a dar um passo à frente no caminho do amor e da fraternidade.

Um menino: Nós te pedimos, Senhor, pelas nossas famílias, pelos nossos amigos e irmãos.

Uma menina: Nós te pedimos, Senhor, guarda cada um de nós em seu coração, para que sejamos mais amigos uns dos outros e de Jesus.

 Preces espontâneas...

Pai-nosso

Catequista: Ao rezar o Pai-nosso, imploramos para que o desejo de Deus se realize: que seu nome seja reconhecido e amado, que o amor contagie o mundo, que todos tenham pão, que sejamos capazes de perdoar como Ele nos perdoa...

Catequista: Rezemos juntos o Pai-nosso, a oração que Jesus nos ensinou... (de mãos dadas)

Música: Amar como Jesus amou (Pe. Zezinho)

Catequista: Vamos dar um abraço da paz.

Na nossa família

Conversar com os pais sobre o que sentiram ao participar da celebração..

VIVER A VIDA CONSTRUINDO A CADA DIA A ALEGRIA

Aplica teu coração à disciplina e teus ouvidos às palavras da experiência. (Pr 23,12)

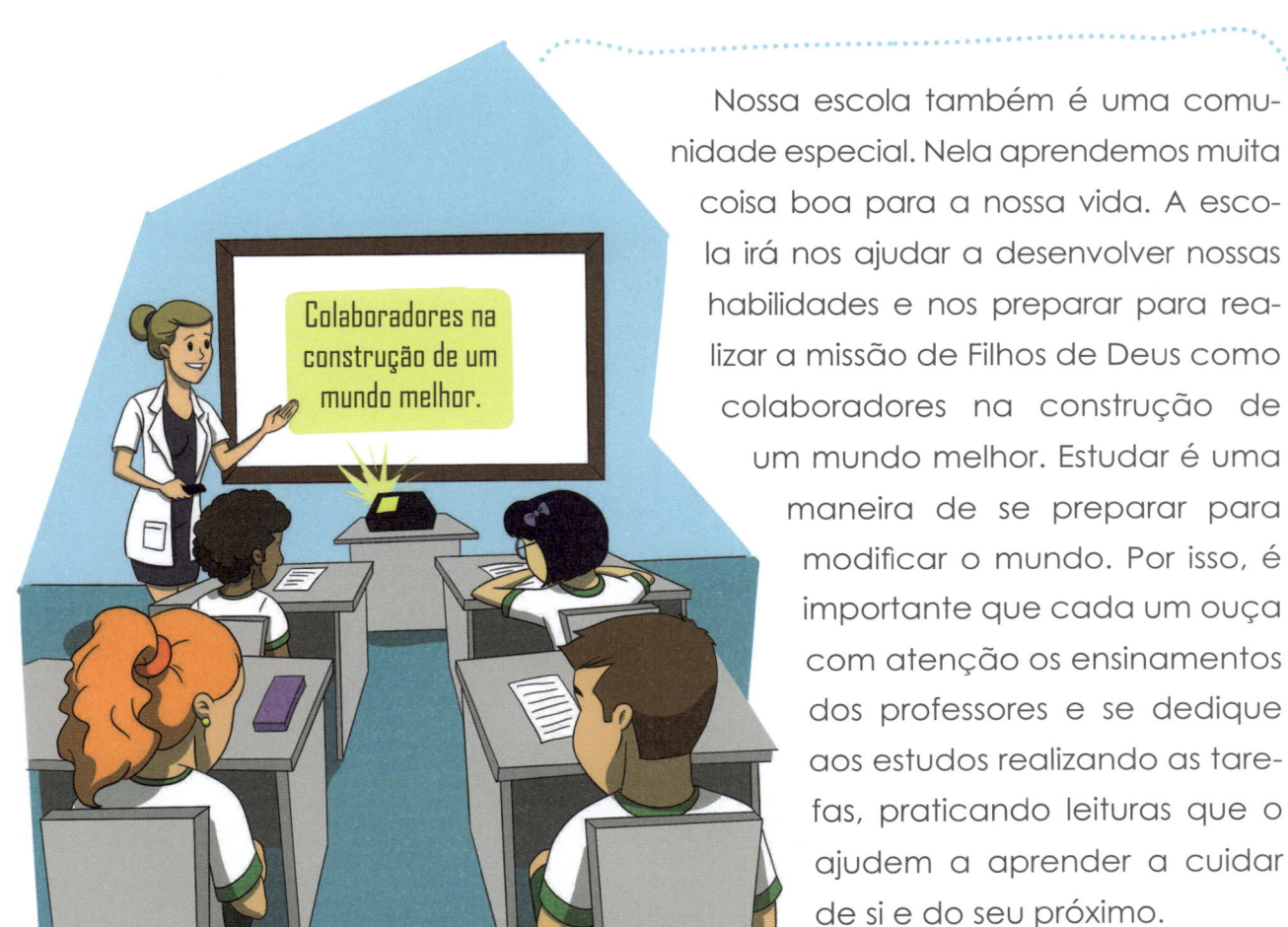

Colaboradores na construção de um mundo melhor.

Nossa escola também é uma comunidade especial. Nela aprendemos muita coisa boa para a nossa vida. A escola irá nos ajudar a desenvolver nossas habilidades e nos preparar para realizar a missão de Filhos de Deus como colaboradores na construção de um mundo melhor. Estudar é uma maneira de se preparar para modificar o mundo. Por isso, é importante que cada um ouça com atenção os ensinamentos dos professores e se dedique aos estudos realizando as tarefas, praticando leituras que o ajudem a aprender a cuidar de si e do seu próximo.

Qual seu livro preferido? Que mensagem esse livro transmite?

....

....

....

....

....

 O livro te faz livre para sonhar... Escreva o que o seu livro favorito te faz sentir e sonhar.

 O que você aprendeu na escola que te ajuda a colaborar com as pessoas e deixar o mundo melhor?

....
....
....
....
....
....
....
....
....
....
....

 Faça aqui uma prece a Deus pelos seus professores.

Que o amor fraterno vos uma. (Cf. Rm 12,10)

Deus nos criou diferentes e ele ama e acolhe a todos.

O mundo será melhor e muito diferente se houver respeito pelas pessoas e suas diferenças. Amigo de Jesus respeita e acolhe todas as pessoas. O amor fraterno é o desejo de Deus. Todos somos presentes uns para os outros, mesmo com nossas diferenças.

 Desenhe o mundo e as diferenças que você consegue perceber nele.

Na sua família tem alguém de uma religião ou igreja diferente? Qual Igreja?

....

....

....

....

A verdadeira amizade respeita as diferenças. Conte como são seus amigos e as diferenças entre eles.

....

....

....

....

....

....

Essas diferenças ajudam você? Como?

....

....

....

....

Vamos rezar!

"Jesus nosso amigo, queremos que o nosso mundo seja um lugar de amizade e para isso queremos respeitar o outro, o diferente de mim, aqueles que convivem comigo na escola, na minha família, na catequese.

Ajuda-nos a compreender as pessoas, sobretudo, as que são muito diferentes de nós, que podem enriquecer nossa vida com experiências e novos modos de existir. Amém!".

CRESCER... DÓI?

Confia no Senhor com todo o teu coração. (Pr 3,5a)

A vida sempre vai nos surpreender. Crescer, amadurecer é bom, mas pode doer. Ser difícil quando precisarmos mudar de opinião, aceitar aquilo que a gente, às vezes, não gosta muito.

Deus quer que a gente cresça e amadureça e aprenda a lidar com as surpresas, alegrias e tristezas que podem surgir em nosso dia a dia. Nessas situações é importante confiar em Deus sabendo que em nosso crescimento, amadurecimento, Ele está conosco o tempo todo, mesmo que a gente não perceba.

Quais as responsabilidades que você já assumiu porque cresceu?

....

....

....

....

....

....

Crescer... Dói? Foi o tema do nosso encontro. Quais são as coisas que durante o seu crescimento foram e estão sendo mais difíceis de enfrentar e te causam dor e tristeza?

....

....

....

....

Escreva o que você quer ser como pessoa quando crescer e virar adulto.

O QUE QUERO SER COMO PESSOA	QUE PROFISSÃO VOU ESCOLHER
....	....
....	....
....	....
....	....
....	....
....	....
....	....
....	....

Vamos rezar!

Creio que Deus está aqui, comigo.
Creio que Deus me acompanha nos meus caminhos de crescimento.
Creio que Deus me escuta com bondade e me acolhe com um sorriso de ternura.
Creio que Deus me ama.
Creio que Deus é amor. Amém!

VIVEMOS E MORREMOS!

O ser humano é semelhante a um sopro; seus dias, como a sombra que passa. (Sl 144,4)

Nós nascemos e vamos morrer um dia. Quando a morte chega é triste, não veremos mais quem amamos. Como não sabemos quando a morte pode acontecer vamos nos comprometer em amar muito as pessoas que nos são queridas. E também dizer a elas o quanto são importantes para nós. Também precisamos cuidar bem da vida, somos preciosos para Deus.

Com sua vida Jesus nos faz ver que o amor vence a morte. Vamos continuar amando quem perdemos. Por isso, podemos dizer que quem ama não morre, vai ficar sempre vivo em nós. E acreditamos que quem morre está junto de Deus, numa vida nova de amor.

Um amor de cachorrinho

Lucimara Trevizan

Marieta que amava borboleta tinha um cachorrinho, o Tufão. Tufão ia a todo lugar onde Marieta estava, era seu amigo inseparável e ela o amava muito. Um dia Tufão amanheceu morto. Seu coração parou de bater, disse o veterinário, ele ficou velhinho. E a Marieta ficou muito brava. E esbravejava: "Ó Deus, mas por quê?" E olhava para o céu, para o ar, para os pais e dizia: "Mas por quê?". Seus amigos ficaram curiosos quando a viram esbravejar, até Marieta contar que Tufão, seu amigo, morreu. Aí então ela chorou muito. Os amigos e a mãe da Marieta, dona Julieta, providenciaram o enterro do Tufão. Riram juntos lembrando da alegria do Tufão quando perseguia borboletas, até Marieta sorriu. Ela aprendeu que é bom esbravejar, mas melhor é partilhar a dor e chorar. Pediu para sua mãe colocar uma foto do Tufão num porta-retratos para dele sempre se lembrar.

Escreva uma carta a uma pessoa que você ama, falando do seu amor e do quanto ela é importante para você, o que te ensina e ajuda. Depois leia a carta para esta pessoa.

Sabendo que vivemos e morremos faz a gente perceber o que é importante na vida. Para você o que é importante? Escreva dentro do baú quais são seus tesouros, ou seja, o que é importante para você.

👋 **Vamos rezar!**

Mostra-me, Senhor, teu caminho, para que eu o siga em fidelidade para contigo.

De todo coração te darei graças, Senhor meu Deus, e glorificarei para sempre o teu nome.

Grande é o teu amor para comigo. (Cf. Sl 86,11a.12-13a)

Repita devagar este último versículo: Grande é o teu amor para comigo. Repita-o muitas vezes.

Deixem o trigo e o joio crescerem juntos até o tempo da colheita. (Mt 13,30)

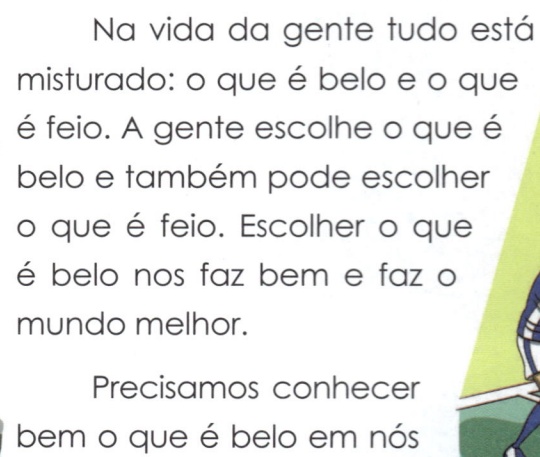

Na vida da gente tudo está misturado: o que é belo e o que é feio. A gente escolhe o que é belo e também pode escolher o que é feio. Escolher o que é belo nos faz bem e faz o mundo melhor.

Precisamos conhecer bem o que é belo em nós e também o que é feio. Assim vamos aprendendo a escolher o belo e a lidar com o feio.

 Complete o desenho com suas características e responda: o que você acha bonito no seu jeito de ser?

....

....

....

....

....

O que significa escolher o belo em nossa vida? Faça um círculo nas respostas.

CUIDAR

AMAR

UMA ROSA

SORRIR

NÃO TOMAR BANHO

FICAR EMBURRADO

SER AMIGO

MENTIR

MALTRATAR

FAZER BIRRA

NÃO AJUDAR O IRMÃO

SER GENTIL

FALAR PALAVRÃO

BRINCAR

SER CURIOSO

SER EDUCADO

DAR SOCOS E PONTAPÉS

SER MAL EDUCADO

A VIOLÊNCIA

CUIDAR DA NATUREZA

SONHAR

JOGAR LIXO NO CHÃO

VIAJAR

DAR UM ABRAÇO

ROUBAR

PASSEAR

 **Vamos rezar!**

Catequizandos: Senhor, queremos ser lugares de beleza na vida das pessoas. Ajuda-nos!

Catequizandas: Senhor, muitas vezes realçamos mais o que é feio nos outros ao invés de destacar suas belezas. Ajuda-nos a ter o teu olhar amoroso em tudo.

Rezemos

Senhor, Deus de bondade e amor, ajude-nos a ver o belo e o feio e a aprender a distinguir cada um em nossa vida. Ensina-nos a escolher sempre o belo, o bem, a verdade. E, obrigada por tantas coisas belas na nossa vida: a natureza, as pessoas, os animais, as flores... Amém!

A MENTIRA TEM VIDA CURTA!

A mentira tem vida curta, mas a verdade vive para sempre. (Pr 12,19)

Dizer a verdade é a melhor opção. Mentir acaba sempre por trazer as suas consequências: magoamos as pessoas a quem amamos, não seremos respeitados, perdemos a confiança das pessoas em nós.

Dizer a verdade nos fará sentir melhor. É preciso que a gente assuma o que somos, descobrindo também em nós coisas boas que conseguimos fazer ou ser.

Vamos colorir a história do pastor e o lobo que o catequista contou. Depois, com suas palavras escreva os fatos que aconteceram.

Por que as pessoas mentem? Escreva o que você acha.

....

....

....

....

....

....

....

A mentira tem vida curta. Por quê?

....

....

....

....

....

....

....

....

23 A COMPARAÇÃO

E vós valeis muito mais do que pássaros. (Lc 12,24)

Nós somos muito importantes para nossos pais, irmãos e amigos, do jeito que somos. Também para Deus que nos ama como somos. Não precisamos querer ser iguais aos outros, ter o que os outros possuem. O que vale nesta vida é valorizar o que somos.

Ter inveja e ficar se comparando aos outros nos fará perder o melhor, que é viver. Ao invés de ficar se comparando aos outros, vamos olhar para a nossa vida como oportunidade de fazer dela uma história bonita. Cada dia é um cenário em que podemos ativar o amor, a amizade, a alegria, a confiança. Sempre.

NINGUÉM É PERFEITO

Lucimara Trevizan

Era uma vez um coelhinho chamado João. Ele morava numa cidade cheia de árvores e jardins, chamada cidade das rosas e tinha muitos irmãos. E desde cedo apresentou sintomas de uma síndrome rara (uma doença rara), chamada síndrome da comparação. O médico coelho chamado Roberto, explicou a dona Coelha Maria, sua mãe, que João ficava o dia inteiro medindo sua vida pela dos outros. Tinha inveja crônica, dos irmãos, dos brinquedos dos irmãos, dos colegas da escola. Ficava comparando sua aparência, sua casa, suas roupas, sua bicicleta (Coelho anda de bicicleta nesta cidade) e até seu quintal, com as outras pessoas. Essa síndrome fazia o João sofrer porque tudo dos outros era melhor do que o dele. Detalhe importante: João não dizia que se sentia assim. Ninguém percebia, embora às vezes, se via João meio triste.

Quando cresceu mais um pouco, o João passou a querer ganhar sempre dos irmãos e dos amigos e dos colegas. Não dava sossego aos irmãos porque queria ganhar os jogos, ser o primeiro a chegar, tirar a melhor nota. Com os amigos era a mesma coisa, João dava socos e pontapés no futebol, passava por cima dos outros, porque queria fazer gol. João queria ganhar tudo, ser o primeiro. Até o melhor amigo magoou. Ele achava que se tivesse sucesso, teria o respeito das pessoas.

A mãe do João, dona Coelha Maria, quando descobriu a síndrome da comparação, percebeu que tinha que fazer algo. E começou a abraçar mais o João, a mostrar o quanto bonito ele era. Também pediu aos irmãos para dizer ao João o que mais gostavam nele. Dona Coelha Maria o chamou para uma conversa e foi direta: "João nós te amamos muito, do jeito que você é. Ninguém é perfeito. Todos temos nossos defeitos. O importante é que você é o meu João, meu querido João". João finalmente contou à mãe que achava que ninguém gostava dele. Ela lhe disse que estava enganado e lhe deu um enorme e apertado abraço.

E pouco a pouco o João foi ficando mais alegre. Foi percebendo que invejar a vida dos outros o fez perder o melhor da sua vida, as brincadeiras com os irmãos e os amigos, o amor dos seus pais. João passou a valorizar a vida, a casa, os amigos, os brinquedos, a se aceitar como era.

O que aprendemos com essa história?

....

....

....

....

....

....

Que conselhos você daria para alguém não ficar se comparando com os outros ou ter inveja?

 Cada dia é uma oportunidade única de viver. Quais oportunidades você percebe no dia de hoje?

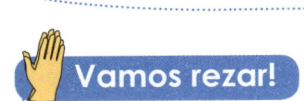 **Vamos rezar!**

Catequista: Senhor Deus que nos ama muito e nos quer como seus amigos, nós te pedimos:

Senhor nós te agradecemos pela vida, pelos nossos encontros de catequese e pelos nossos pais.

Todos: Fica conosco, Senhor!

Senhor, livra-nos da inveja e da mania de comparação, de querer ser mais do que os outros.

Todos: Fica conosco, Senhor!

Senhor, ajuda-nos a viver bem com tudo o que somos, sendo amigos uns dos outros.

Todos: Fica conosco, Senhor!

Não tenhas medo, pois estou contigo! (Is 43,5a)

A confiança em nós é fundamental para que saibamos encarar os medos e não fugir deles. Para crescer é preciso encarar os desafios da vida. Para isso precisamos nos desafiar a usar os nossos talentos corretamente e confiar que Deus sempre nos acompanha.

A verdadeira segurança cresce no coração e na confiança de sermos protegidos por Deus, que sabe o que precisamos.

Você tem medo de quê?

Tenho medo de quê?	Qual coragem preciso?

O que você aprendeu neste encontro?

....

....

....

....

Escreva uma carta ao Piper contando o que aprendeu com ele.

....

....

....

....

....

....

....

....

Assim como eu vos amei, amai-vos também uns aos outros. (Jo 13,34b)

Jesus nos convida a caminhar com ele, a crescer no amor, na convivência, na alegria, na partilha. Através dos nossos encontros fomos percebendo que Jesus nos mostra o caminho da fraternidade, da bondade, da igualdade, ou seja, o caminho de quem ama.

Ser amigo de Jesus é trilhar esse caminho, sabendo que na vida podemos ter sofrimentos, perdas, alegrias, mas Ele está conosco, nos animando, nos ajudando a amar ainda mais.

 **Nos encontros da catequese Jesus nos convida a caminhar com ele. Qual é o caminho de quem ama?**

....

....

....

....

....

....

 **Escreva que outros passos você quer e pode dar no caminho de Jesus.**

SER SAL E LUZ DO MUNDO

Vós sois o sal da terra. Vós sois a luz do mundo. (Mt 5,13.14)

 Acolhida

Catequista: Vamos iniciar este momento cantando.

Música: A Paz (Heal the world)

Catequista: Em nome do Pai, do Filho e do Espírito Santo.

Todos: Amém!

Catequista: É uma alegria nos reunirmos para celebrar a nossa vida que é sal e luz no meio do mundo. Vamos nos abraçar desejando-nos a paz.

 Proclamação da Palavra

Catequista: A Palavra de Deus vai passar de mão em mão, ela que nos guia pelo caminho da catequese. Enquanto isso vamos cantar.

Canto de aclamação: A Palavra de Deus é luz, que nos guia na escuridão! É semente de paz, de justiça e perdão!

Texto bíblico: Mt 5,13-16

Reflexão: Jesus nos diz que somos "Sal" e "Luz" do mundo. É "sal" quem vive a vida com alegria e contagia as pessoas com seu gosto de viver. É "luz" quem é amoroso e com seu jeito de ser, dissipa o que é "sombra" e nos faz perceber o sentido luminoso da nossa vida. Ser "luz" e "sal" é o oposto de se achar superior aos outros, de ser invejoso, egoísta. Podemos também dizer que a vida de Jesus aparece como "sal" e "luz" pelo que Ele era e vivia. Sua mensagem era simples: "sal" e "luz" é o mesmo que ser amoroso, bom, verdadeiro, neste mundo que tanto precisa de amor e paz.

Nós cantamos que "Só o amor muda o que já se fez e a força da paz junta todos outra vez. Já é hora de acender a chama da vida e fazer a terra inteira feliz". Vamos repetir cantando suavemente. Depois façamos alguns minutos de silêncio para pensar o que podemos fazer para promover a paz em nossas casas e deixar as pessoas de nossa família mais felizes.

 **Preces**

Catequista: Apresentemos a Deus a nossa vida, chamada a ser "sal" e "luz" num mundo tão carente de amor e paz.

Todos: Senhor, abençoe nossa vida e nos dê a paz!

Senhor Deus, ajuda-nos a ser "luz"! Que minhas atitudes e comportamentos sejam capazes de iluminar a vida da minha família, dos meus amigos e do mundo!

Senhor Deus, ajuda-nos a ser "sal"! Que nossa vida traga um sabor diferente no mundo e ajude a transformar todo pranto, sofrimento em perdão e amor.

 Preces espontâneas...

Catequista: Ao redor do mapa do mundo, vamos dar as mãos, ficar bem juntinho e pedir pela paz, rezando juntos o Pai-nosso.

Canto final.

ANEXOS

 Qual o tema da Campanha da Fraternidade deste ano?

Nosso mundo precisa muito de fraternidade. Pense bem: que ações de fraternidade você fez nos últimos dias para ajudar o mundo a ser melhor? (Marque abaixo)

☐ Fui gentil com minha vizinha

☐ Ajudei a regar as plantas

☐ Separei brinquedos para doar.

☐ Perdoei meu amigo que me deixou muito triste e chateado.

☐ Separei a briga dos meus amigos na escola.

Pergunte a seus pais o nome das pessoas que eles conhecem, que fizeram ações de solidariedade e fraternidade.

....

....

....

....

....

Celebração da Páscoa
JESUS RESSUSCITOU! ALELUIA!

Felizes os que não viram e creram. (Jo 20,29b)

♥ Acolhida

Catequista: Vamos iniciar nossa celebração cantando:

Ó Luz do Senhor, que vem sobre a terra: inunda meu ser, permanece em nós! **(Bis)**

Catequista: Em nome do Pai, do Filho e do Espírito Santo.

Todos: Bendito seja Deus que nos reuniu no amor de Cristo (bis.)

Recordação da vida

Catequista: Celebrar a Páscoa é celebrar a passagem da morte para a vida: Jesus Ressuscitou! Na nossa vida também vivemos Páscoa quando superamos as situações de morte. Vamos lembrar as situações de "trevas", de morte em nosso mundo, na nossa cidade, na nossa família e comunidade.

Proclamação da Palavra

Catequista: É Páscoa, Jesus venceu a morte. Jesus vive! O Evangelho de João conta que depois da morte de Jesus seus amigos estavam tristes, mas Jesus apareceu no meio deles, dizendo: "A paz esteja com vocês!". Eles ficaram muito felizes. Mas, Tomé não estava com eles e não acreditou quando os amigos contaram que Jesus estava vivo e queria tocar Jesus pra ter certeza de que era ele mesmo (Jo 20,19-29). Vamos ouvir e cantar a música Tomé e compreender o que houve.

Música: Tomé, CD *Sementinha 1 e 2.*

Reflexão: Jesus venceu a morte. Com Ele acontece algo totalmente novo. Ele traz uma nova maneira de viver. Tomé não acreditou na presença de Jesus. Nós também não vemos Jesus, mas acreditamos que Ele vive. E Jesus vive em nós quando somos sinais de vida, de luz, ou seja, quando amamos, perdoamos, somos amigos... Quando isso acontece, a vida vence a morte. A vida vence as trevas.

 **Rezemos juntos**

Catequista: Elevemos a Jesus nossos louvores e gratidão!

Todos: Minha luz é Jesus e Jesus me conduz pelos caminhos da Paz!

Leitor 1: Querido Jesus, ajuda-nos a ser reflexos do seu amor e da sua bondade no meio do mundo!

Leitor 2: Querido Jesus, luz do mundo, inunda-nos com a luz dos seus dons para que sejamos capazes de superar as trevas com nosso jeito de ser.

Abraço de Feliz Páscoa

Catequista: Vamos terminar este momento saudando os nossos colegas com o abraço de Feliz Páscoa!

Celebração

MARIA, A MÃE DE JESUS E NOSSA!

*Bendita és tu entre as mulheres e bendito é o fruto
do teu ventre! (Lc 1,42)*

 Acolhida

Catequista: Em nome do Pai, do Filho e do Espírito Santo!

Todos: Bendito seja Deus que nos reuniu no amor de Cristo!

 Acolhendo Maria

Catequista: Maio é o mês de Maria, a mãe de Jesus, a nossa Senhora. Gostamos muito dela, afinal é a mãe de Jesus. E Jesus deu sua mãe para ser nossa mãe.

Música: Maria de Nazaré (Pe. Zezinho)

 Proclamação da Palavra

Catequista: Esta é a saudação do anjo a Maria quando veio contar que ela seria a mãe de Jesus, o nosso salvador.

Todos: "Alegra-te, cheia de graça, o Senhor está contigo!" (Lc 1,28)

Catequista: Esta é a saudação que a prima de Maria Izabel fez ao receber a visita **de Maria.**

Todos: "Bendita és tu entre as mulheres e bendito é o fruto do teu ventre!" (Lc 1,42)

Catequista: Para que o Salvador Jesus entrasse na nossa história, faltava o Sim de Maria. E Maria disse "sim" a Deus, aceitando ser a mãe de Jesus, dizendo ao anjo:

Todos: "Aconteça comigo segundo a tua palavra".

Música: História de Maria (Pe. Zezinho)

Catequista: É amigo de Maria quem é amigo do seu filho Jesus. Ama Maria, quem faz o que o filho dela pediu, ou seja, amar sempre, ser amigo, ser capaz de dar a vida pelos amigos, desejar um mundo diferente, do jeito que Deus quer. Maria deseja que sejamos parecidos com o seu filho Jesus, que só fez o bem para todos. Como cada um pode fazer o bem?

Maria é tão querida, mas tão querida que o povo lhe deu muitos nomes: Nossa Senhora Aparecida, Nossa Senhora de Fátima, Nossa Senhora das dores (Lembrar outros nomes)... É uma maneira de expressar o amor por ela e pedir sua companhia e proteção.

 **Preces**

Catequista: Que nos momentos de dificuldades, Maria, a Mãe que Jesus ofereceu a todos nós, possa sempre amparar nossa vida.

Todos: Maria, mãe da Esperança, roga por nós!

Leitor 1: Que Maria nos ajude a dizer sim nos momentos que tivermos que decidir pela amizade, pelo amor, pelo perdão, por um gesto de solidariedade...

Todos: Maria, ensina-nos a dizer sim diante das incertezas da vida!

Leitor 2: Que Maria interceda a Deus, pelas nossas famílias, pela nossa comunidade, pelas pessoas que sofrem, pelas crianças.

Todos: Maria, Mãe de Jesus, olhai por nós!

Ave Maria

Catequista: Vamos terminar nossa celebração rezando juntos a Ave Maria, prestando bastante atenção na letra, que é uma saudação a Mãe de Jesus.

Celebração

A BÍBLIA, DEUS FALA COM SEU POVO!

Tua Palavra é uma lâmpada para os meus passos e uma luz para meus caminhos! (Sl 119,105)

 Acolhida

Catequista: Em nome do Pai, do Filho e do Espírito Santo.

Todos: Bendito seja Deus que nos reuniu no amor de Cristo!

Refrão meditativo: A Bíblia é a Palavra de Deus semeada no meio do povo...

Salmo 22

Catequista: A Bíblia é a Palavra de Deus, escrita através de um povo que Ele acompanhou e acompanha. Ela conta a caminhada de fé desse povo que sabia enxergar a presença de Deus no seu dia a dia. Nela descobrimos também que Jesus falou da vontade de Deus para com todos nós. A Bíblia é como uma carta que Deus nos escreveu, onde encontramos os recados, as mensagens de Deus e seu filho Jesus para nós.

Música: Salmo 22.

 Proclamação da Palavra

Catequista: A Bíblia foi sendo escrita durante muito tempo e transmitida até os dias de hoje, passando de mão em mão até chegar aqui. A Bíblia é Palavra de Deus que ilumina a nossa vida.

Refrão: "Tua Palavra é lâmpada para meus pés, Senhor. Lâmpada para meus pés, senhor, luz para o meu caminho".

Catequista: Cada um irá receber um versículo bíblico e irá ler para todos.

Catequista: Deus continua nos falando através da natureza, das pessoas e da Bíblia. É preciso saber olhar, escutar, compreender e responder ao que Deus nos fala.

 **Preces**

Catequista: A Bíblia precisa estar sempre em nossas mãos, para iluminar nossas vidas, ajudar a transformar nossa realidade.

Todos: Senhor, que a tua Palavra, transforme a nossa vida!

Leitor 1: Que a Palavra de Deus nos ajude a transformar toda violência,toda ganância, toda miséria, todo abandono, toda injustiça.

Leitor 2: Que a Palavra de Deus ilumine toda nossa vida, sobretudo quando estivermos vivendo situações de desamor, de egoísmo, de inveja, de falta de paciência, de falta de diálogo.

Leitor 3 : Que a Palavra de Deus inunde nosso coração com o Amor e a Paz para que o Reino de Deus floresça no meio do mundo.

Rezemos juntos a oração que Jesus nos ensinou. Pai nosso...

Bênção

Catequista: O Deus do amor esteja sempre em nossa vida!

Todos: Amém!

Abraço da Paz

Catequista: Cada um de nós é anunciador da Palavra de Deus. Vamos entregar o versículo bíblico que lemos para um catequizando de outra turma de catequese, fazendo o que Jesus nos pediu: ide anunciar!

5 O(A) PADROEIRO(A) DA MINHA COMUNIDADE

Faço tudo pelo evangelho, para ter parte nele. (1Cor 9,23)

Imagine que você é um grande pintor(a) e foi convidado(a) para fazer o retrato do padroeiro(a) da sua comunidade.

⭐ Para fazer o retrato você precisa saber:

O nome do padroeiro(a)

....

Como é a sua imagem, descreva-o

....

....

....

....

....

Que tal fazer o retrato do(a) padroeiro(a)?

Celebração de Natal
UM MENINO NOS FOI DADO!

Nasceu para vós o Salvador, que é Cristo Senhor! (Lc 2,11)

⭐ **Um menino nos foi dado**

Catequista: Em nome do Pai....

Todos: Ó Senhor, Deus da Luz, abre nosso caminho para celebrar tua chegada.

Catequista: É Natal, festa de alegria e esperança. Um menino nos foi dado!

Todos: Ele é o menino Jesus, Deus conosco!

Catequista: "O povo que andava nas trevas viu uma grande luz..." (3x)

Todos: "Glória a Deus nas alturas, e paz na terra a quem Ele quer bem".

Música: Glória a Deus nas alturas

⭐ **A Palavra se fez criança**

Catequista: Vamos ouvir a leitura do Evangelho de Lucas 2,8-14.

Música: Noite Feliz

⭐ **Saborear a alegria do Natal!**

Leitor 1: O Natal é uma festa de alegria, de uma notícia maravilhosa. O anjo é muito preciso: *"Eu vos anuncio uma grande alegria para todo o povo: Nasceu para vós o Salvador"*.

Todos: O Povo que andava nas trevas viu uma grande luz!

Leitor 2: A alegria do Natal nos dá uma esperança inimaginável: Deus veio à família humana. A estrela anunciou que a paz brilhou na escuridão de todas as noites. É tempo de adorar o Menino Jesus.

Todos: O Povo que andava nas trevas viu uma grande luz!

Leitor 3: No Natal Deus se faz criança pobre, que nasce na periferia do mundo, numa manjedoura, para que ninguém se sentisse distante d'Ele.

Todos: O Povo que andava nas trevas viu uma grande luz!

⭐ **Rezar por um Natal de Paz**

Catequista: Ó Deus, amado de nossas vidas, nós te agradecemos pela companhia em nossa caminhada catequética e pelo teu Filho Jesus.

Todos: Aumenta, em cada um de nós, a Paixão pelo teu Filho: o menino Jesus.

Leitor 4: Faz de nós testemunhas do teu amor, bondade, ternura.

Todos: Alarga o nosso coração para acolher teu Filho que chega no Natal.

Leitor 5: Que o Natal consiga quebrar os muros do orgulho, da arrogância e do medo e nos traga a Paz no mundo.

Todos: Fica conosco, Senhor Jesus!

Música: Minha luz é Jesus e Jesus me conduz pelos caminhos da paz (bis.)

⭐ **Bênção**

Catequista: Um Menino nos foi dado! Surge a esperança de que tudo pode ser modificado, de que o Novo pode nascer em nossas vidas.

Todos: E o amor se fez criança e viveu entre nós!

Catequista: O Senhor esteja com vocês:

Todos: Ele está no meio de nós.

Catequista: Que Deus nos abençoe em seu amor de Pai, Filho e Espírito Santo. Amém!

ORAÇÕES

PAI-NOSSO

Pai nosso que estais nos céus, santificado seja o vosso nome; venha a nós o vosso reino, seja feita a vossa vontade, assim na terra como no céu.

O pão nosso de cada dia nos dai hoje; perdoai-nos as nossas ofensas, assim como nós perdoamos a quem nos tem ofendido; e não nos deixeis cair em tentação, mas livrai-nos do mal. Amém!

AVE-MARIA

Ave Maria, cheia de graça, o Senhor é convosco; bendita sois vós entre as mulheres, e bendito é o fruto do vosso ventre, Jesus. Santa Maria, Mãe de Deus, rogai por nós, pecadores, agora e na hora de nossa morte. Amém!

GLÓRIA-AO-PAI

Glória ao Pai e ao Filho e ao Espírito Santo. Como era no princípio, agora e sempre. Amém!

SINAL DA CRUZ

Pelo sinal da santa cruz, livrai-nos Deus, Nosso Senhor, dos nossos inimigos. Em Nome do Pai e do Filho e do Espírito Santo. Amém!

ORAÇÃO DA CRIANÇA

Querido Deus, quero agradecer por tanta coisa incrível que vivi neste dia: o amanhecer tão lindo, a beleza da tua criação, a amizade e carinho dos meus amigos, a possibilidade de estudar e brincar, a comida gostosa...

Quero te agradecer por toda a minha família e peço que me ajude a amar cada dia mais.

Conta comigo para cuidar e preservar a beleza a tua criação, também para partilhar o que sou e tenho para fazer desse mundo um lugar melhor.

É muito bom ser teu amigo. Eu te amo, Senhor!

ANOTAÇÕES

Conecte-se conosco:

 facebook.com/editoravozes

 @editoravozes

 @editora_vozes

 youtube.com/editoravozes

 +55 24 2233-9033

www.vozes.com.br

Conheça nossas lojas:
www.livrariavozes.com.br

Belo Horizonte – Brasília – Campinas – Cuiabá – Curitiba
Fortaleza – Juiz de Fora – Petrópolis – Recife – São Paulo

EDITORA VOZES LTDA.
Rua Frei Luís, 100 – Centro – Cep 25689-900 – Petrópolis, RJ
Tel.: (24) 2233-9000 – E-mail: vendas@vozes.com.br